Das antike Griechenland für Einsteiger

Die Geschichte des Antiken Griechenlands von der Bronzezeit bis zum Hellenismus und von Apollon bis Zeus spannend und unterhaltsam erzählt

Markus Dannen

INHALT

Was Sie in diesem Buch erwartet – eine kurze Einführung...1

Eine kurze Geschichte des antiken Griechenlands
....5

Die Bronzezeit...6

Das dunkle Zeitalter..8

Das archaische Zeitalter...................................9

Die Epoche der Klassik...................................14

Die Epoche des Hellenismus..........................20

Der Alltag im antiken Griechenland — ein kleiner Einblick in die wichtigsten Sparten des antiken griechischen Lebens..23

Die Rolle der Familie und des Geschlechts im antiken Griechenland......................................25

Die Dimension der Bildung – eine Schichtangelegenheit.......................................27

Freizeit in der griechischen Antike – Sport, Spaß und Spiel...28

Ein Besuch im Theater – komisch, tragisch, amüsant...32

Die Götterwelt der antiken Griechen – von A wie Apollon bis Z wie Zeus: ein kurzer Überblick über die Götter des Olymps..39

Aphrodite 40

Apollon 41

Ares 41

Artemis 42

Athena 42

Demeter 43

Dionysos 43

Hephaestus 44

Hera 45

Hermes 45

Poseidon 46

Zeus 46

Gehorchet den Göttern — Ritual und Zeremonie
innerhalb und außerhalb des Hauses 49

Götterverehrung in der Öffentlichkeit vs. zu
Hause 50

Götterverehrung in Kultstätten – ein Besuch im
Heiligtum von Delphi 56

Der Einfluss der griechischen Antike auf unsere
heutige Welt – altertümlich, jedoch keinesfalls
vergessen 62

Was Sie in diesem Buch erwartet – eine kurze Einführung

Wenn dunkler Rauch aus steinernen Tempeln aufsteigt, sich die Anhängerinnen des Dionysos-Kults den tiefroten Wein einschenken, alte Philosophen passioniert auf der Athener Agora diskutieren und aus weiter Ferne jubelnde Siegesrufe aus Olympia erklingen – dann befinden Sie sich, liebe Leser*innen, nirgendwo anders als in der facettenreichen Welt der griechischen Antike.

Über das antike Griechenland hört man einiges; sei es die riesige Götterwelt, die über die Himmelssphäre herrscht, merkwürdige Mythen, welche wir bis heute lesen und lieben, oder gar Persönlichkeiten wie die des Alexander dem Großen, die in uns Faszination und Neugierde auslösen – jede*r von uns ist zumindest auf irgendeine Art und Weise schon einmal mit der griechischen Antike in Kontakt gekommen.

Die äußerst komplexe und spannende Hochkultur der antiken Griechen begeistert und beeinflusst uns bis in die heutige, moderne Zeit und wirkt sich dabei immer noch auf verschiedene Dimensionen unseres Lebens aus. In Popkultur und Literatur, jedoch auch in etwas abstrakten Sphären, wie zum Beispiel der Mathematik oder gar unserer Baukunst, lassen sich regelmäßig antike griechische Einflüsse wiederfinden. Viele dieser besagten Einflüsse erachten wir als *alltäglich*, wodurch die äußerst spannende Geschichte hinter ihnen oftmals leider im Verborgenen bleibt.

Häufig bleibt die Welt der griechischen Antike jedoch auch aufgrund ihrer Komplexität für viele Menschen – trotz bestehendem Interesse – im Dunkeln versteckt. Teils ist sie ohne eine helfende Hand, die in das Thema einführt, nicht immer ganz leicht verständlich und sorgt durch die schiere Menge an Informationen, die uns zu diesem Thema vorliegen, für Verwirrung.

Diese Sorgen dürfen Sie jedoch beiseitelegen. Das vorliegende Buch wird Sie, liebe Leser*innen, mit Leichtigkeit und auf unterhaltsame Art und Weise in die Welt der antiken Griechen einführen – stressfrei und auf eine Manier, die Ihnen stets einen geordneten Überblick über eine der spannendsten Epochen der Menschheitsgeschichte darbietet.

Beginnen wir mit einem kurzen Überblick über die geschichtliche Entwicklung dieser antiken Zivilisation. Stellen Sie sich dies als eine Art Zeitreise vor, die Sie von den frühgeschichtlichen Anfängen in der Bronzezeit bis zur Einnahme durch das expandierende römische Reich führen wird. Sie lernen dabei die wichtigsten Stationen der antiken griechischen Geschichte kennen, wodurch Sie gleichzeitig auf die nächsten Stopps unserer kleinen *Odyssee* (zu dieser später noch mehr) vorbereitet werden – tauchen Sie ein in den Alltag einer athenischen Familie, lernen Sie die Götterwelt kennen und fiebern Sie bei den Wettkämpfen im antiken Olympia mit. Lassen Sie sich vom delphischen Orakel Ihr Schicksal vorhersagen und lauschen Sie den Sängern bei der Aufführung von fesselnden Epen – all dies mit Spaß und Spannung!

Eine kurze Geschichte des antiken Griechenlands

Wenn wir an das antike Griechenland denken, kommen uns einige Bilder in den Kopf, die wir mit dieser Epoche der Menschheitsgeschichte verknüpfen – seien es weiße Marmorstatuen oder die archaischen Tempelruinen, welche uns von der letzten

Griechenlandreise in Erinnerung geblieben sind –
all dies sind wichtige Aspekte der griechischen
Geschichte, welche allerdings nur einen kleinen
Teil von ihr fragmentarisch widerspiegeln. Das
alte Griechenland umfasst deutlich mehr als nur
die klassische Zeit, welche uns vermutlich am be-
kanntesten ist und als Basis für primär popkultu-
relles Wissen über die antike griechische Hochkultur dient.

DIE BRONZEZEIT

Kreta um 2600-1200 v. Chr. — Auf dieser kleinen
Insel im griechischen Mittelmeerraum entstanden
zwei äußerst wichtige Hochkulturen, die den Beginn unserer Zeitreise durch das alte Griechenland markieren. Die Rede ist von den Kulturen der
Minoer (ca. 2600 bis 1100 v. Chr.) und der Mykener
(ca. 1700 bis 1200 v. Chr.), über welche uns leider
nur wenige Informationen und Details bekannt
sind -dies lenkt jedoch nicht von ihrer Wichtigkeit
in Bezug auf die Etablierung von dem, was uns
heute als griechische Antike bekannt ist, ab. Die
Minoer und Mykener setzten somit den Grund-
stein für die Entwicklung einer Zivilisation,

welche sich in ihrer Blütezeit über mehr als zwei Jahrtausende erstrecken würde.

Die zeitlich bereits früher existierenden Minoen prägten die griechische Sprache und das griechische Alphabet und schufen gigantische Bauten, wie beispielsweise die königlichen Paläste von Phaistos und Knossos, welche aufgrund ihres Einflusses auf die spätere Baukunst der Griechen als ausschlaggebende Meilensteine frühester Architektur gelten. Im Allgemeinen geht man davon aus, dass die Minoer somit als erste europäische Hochkultur einzustufen sind, denn ihre Beiträge in den Bereichen Kultur, Sprache und Baukunst gelten als Wegbereiter für sämtliche spätere Entwicklungen und Erfindungen.

Die Kultur der Mykener wurde zeitlich etwas später etabliert. Auch über sie ist uns leider nicht sehr viel bekannt. Jedoch ist auch ihr Einfluss auf die Sphären der Architektur und Kultur bedeutend groß – wie die Minoer bauten auch die Mykener große Palast-Zentren, wie zum Beispiel die von Mykene, Thebes oder Pylos.

DAS DUNKLE ZEITALTER

Das dunkle Zeitalter der griechischen Geschichte liegt uns leider tatsächlich – wie der Name bereits vermuten lässt – im Finsteren verborgen. Während uns zu den bereits vorher entstandenen Hochkulturen noch ein paar wenige Informationen vorliegen, lassen sich zu dieser Epoche überraschenderweise kaum archäologische oder literarisch-historische Schriftquellen vorfinden. Dies stellt eine große Lücke in der Erforschung der alten griechischen Geschichte dar – die dunkle Epoche ist sozusagen ein regelrechtes Mysterium.

Was geschah hier? Warum gibt es kaum Zeugnisse über diese Epoche? All dies sind Fragen, die es noch zu beantworten gilt. Eins ist jedoch klar: Während des dunklen Zeitalters veränderte sich die Bevölkerung stark. Man geht davon aus, dass es zu massiven Migrationsbewegungen auf dem Gebiet des heutigen Griechenlands und auch darüber hinaus kam. Die griechische Kultur entwickelte sich weiter, die Zusammensetzung der Besiedlung änderte sich stark und auch die Sphären der Kultur und der Politik blieben von diesen Einflüssen nicht unberührt.

Das Ende dieser Epoche führt uns langsam wieder ans Licht; in bekannte Territorien, welche glücklicherweise gut erforschbar sind und uns Aufschluss über das Leben in der griechischen Antike geben. Sie stellen die nächsten Stationen auf unserer kleinen Zeitreise dar und lassen sich dabei grob in drei epochale Abschnitte unterteilen. Zunächst wäre da die Zeit der Archaik, welche circa im 8. Jh. v. Chr. begann und bis in das 5. Jh. v. Chr. andauerte. An die archaische Zeit schloss sich die Epoche der Klassik an, die dann letztlich vom Hellenismus im Jahre 336 v. Chr. abgelöst wurde.

DAS ARCHAISCHE ZEITALTER

Die archaische (abgeleitet von *archaíos* – altertümlich) Epoche der griechischen Antike schließt an das uns weitgehend unbekannte dunkle Zeitalter an. Ihr Beginn wird auf das 8. Jahrhundert vor Christi Geburt datiert und erstreckte sich nach ihrer Etablierung über einen Zeitraum von circa 300 Jahren, also bis in das 5. Jh. v. Chr. hinein. Griechenland bestand damals nicht aus einem zusammengehörigen Staat, sondern eher aus mehreren, kleineren Staaten mit eigenen, autonomen

Regierungen, welche unabhängig voneinander interagieren und über designierte Territorien herrschten. Diese Staaten kolonialisierten weitere Gebiete außerhalb des heutigen Griechenlands, wodurch das griechische Reich im großen Ausmaß expandierte.

Werfen wir hierbei insbesondere einen Blick auf Athen – auf die Stadt, die uns häufig sofort ins Gedächtnis springt, wenn wir an Griechenland denken. Athen ist nicht nur die heutige Landeshauptstadt und somit ein Zentrum großer Macht, sondern hatte auch schon zu Zeiten der Antike eine enorme Bedeutung.

Diese Macht war jedoch zunächst äußerst ungleich verteilt und konzentrierte sich auf die oberen Schichten der Gesellschaft, welche primär aus Adligen und Aristokraten bestand. Sie trafen Entscheidungen in den Sparten der Politik, der Wirtschaft sowie der Kultur, wobei kaum Platz für die Stimmen von weniger wohlhabenden Mitgliedern der Gesellschaft vorhanden war. Einige Jahrzehnte lang wurden diese stark ungleichen Machtverhältnisse weitgehend von den Bewohnenden Athens zwar toleriert, jedoch nicht unbedingt akzeptiert, weshalb es ab dem 7. Jh. v. Chr. vermehrt zu Aufständen aus den unteren Schichten kam. Bauern, Arbeiter sowie auch Handwerker wehrten sich vehement gegen die aristokratisch geprägte Herrschaft, wodurch es unter anderem zu äußerst gewaltvollen Auseinandersetzungen zwischen Adel und Kleinbürgertum kam. Der Weg zu mehr Rechten und Freiheiten war nicht leicht – die Kämpfe (sowohl physisch als auch politisch) dauerten teils mehrere Jahrzehnte lang an, bevor sich langsam kleine, jedoch sehr bedeutsame Fortschritte bemerkbar machten.

Der griechische Schriftsteller Hesiod (vor 700 v. Chr.) berichtete ausführlich in seiner berühmten Schrift *Werke und Tage* über die vorherrschenden ungleichen Machtverhältnisse und den Kampf um mehr Rechte und Freiheiten. Er selbst war als Bauer und Viehhalter bzw. -züchter tätig, wodurch dieser eine äußerst persönliche Verbindung zum Geschehen besaß. Durch Hesiod erfahren wir das Leid der ärmeren Griechen aus einer authentischen Perspektive, die nicht durch die adlig-aristokratische Sichtweise geprägt ist und uns somit in die Alltagsgesellschaft des archaischen Griechenlands zurückwirft.

Nach Jahren der Anstrengungen gelang es den Bürgern tatsächlich, mehr Autonomie und Rechte zu gewinnen, was vor allem stark mit revolutionären Änderungen im System des griechischen Militärs zusammenhing. Das Heer der Griechen bestand hauptsächlich aus reitenden Soldaten, welche alleine jedoch nicht genug Kraft und Stärke in Kriegsszenarien besaßen. Zwar handelte es sich hierbei um gut ausgebildete Kämpfer mit breit gefächerten Fähigkeiten und exzellenter Rüstung, jedoch war die reine Anzahl an Soldaten leider zu gering, um die Adligen, welche über eigene, starke Heere verfügten, zu besiegen. Schnell realisierten die Soldaten und die einfachen Bürger, dass man durch die Kombination von reitendem Militärpersonal und schwer bewaffneten Fußkämpfern mehr Kampfkraft erzeugen konnte.

Es kam folglich zu Verbünden zwischen den beiden Parteien, welche sich während der Auseinandersetzungen mit den Aristokraten als enorm effektiv erwiesen und in einigen Fällen tatsächlich zum Sieg über die Aristokratie in manchen Städten führten. Damit war die aristokratische Herrschaft zwar noch nicht vollständig aus dem Alltag der Bürger verschwunden, jedoch realisierte der

Adel nun, dass er weder unbesiegbar noch allmächtig war.

Als Folge dessen kam es zur Etablierung von mehr rechtlichen und politischen Freiheiten, was jedoch eher als eine Art Maßnahme zur Verhinderung weiterer kriegerischer Eskalationen anzusehen war. Solon, ein Athener Staatsmann, trug dabei unerlässlich zur Erhaltung des Friedens bei. Er agierte als eine Art Streitschlichter, der zwischen Aristokratie, Adel und Bürgertum eine Vermittlungsfunktion einnahm und durch geschicktes politisches Agieren Spannungen in der Gesellschaft abbauen konnte.

Auch während späteren kontroversen Tyrannenherrschaften, also Alleinherrschaften, konnten trotz der zunehmenden Unruhen der Gesamtgesellschaft kriegerische Handlungen erfolgreich vermieden werden. Stattdessen wurden unerwünschte Herrscher, wie z. B. Hippias, der Bruder des Tyrannen Hipparchos – beide waren äußerst blutrünstig und folglich auch äußerst unbeliebt – aus Athen vertrieben. Nachdem man festgestellt hatte, dass sich Hippias Handlungen nach dem Tod seines Bruders in eine äußerst dunkle Richtung entwickelten – noch schrecklicher, als man zuvor vermutete –, vertrieb man diesen (mit Unterstützung der Spartaner) aus der Stadt Athen.

Die Tyrannenherrschaft endete im 5. Jh. v. Chr. und die Macht der Adelsschicht nahm wieder zu – allerdings auf eine deutlich andere Art und Weise! Diese Transitionsphase markiert den Übergang von der archaischen zur klassischen Zeit; sie führt uns zu den Anfängen der griechischen Demokratie – ein äußerst spannender Stopp auf den nächsten Haltepunkten unserer Zeitreise.

DIE EPOCHE DER KLASSIK

Die Epoche der Klassik schloss sich unmittelbar an die archaische Zeit an. Somit wird ihr Beginn ungefähr auf das 5. Jh. v. Chr. und ihr Ende auf das Jahr 336 v. Chr. datiert. Auch hier wollen wir wieder einen Blick auf Athen werfen, auf die Stadt, die zur archaischen Zeit nicht gerade von fairer und funktionierender Demokratie geprägt war. Die wenigen Rechte und Freiheiten, die sich die Bürger Athens erkämpfen mussten, ließen sich in keiner Weise auch nur ansatzweise als demokratisch bezeichnen. Auch die ursprüngliche athenische Demokratie unterschied sich stark von dem, was wir heute mit der modernen Definition des Begriffs verbinden.

Nach dem Ende der Tyrannenherrschaft legten die Bürger der Stadt Athen die Macht in die Hände von Kleisthenes, der einer alten Adelsfamilie angehörte. Das mag auf den ersten Blick etwas seltsam erscheinen. Waren es nicht der Adel und die Aristokraten, die für die ungleichen Machtverhältnisse des 8. und 7. Jahrhunderts v. Chr. verantwortlich waren? Waren sie nicht die Verursacher der blutigen Schlachten? Warum sollte jemand so etwas freiwillig wiederherstellen wollen? Sie haben natürlich größtenteils recht – viele Adels- und Aristokratenfamilien waren durchaus vom Streben nach großer Macht geprägt.

Sie hatten keine Sympathien für das einfache Volk und bewegten sich in ihren eigenen Kreisen. Kleisthenes unterschied sich in dieser Hinsicht jedoch vom typischen athenischen Adligen, denn er hatte sich schon lange vor seiner Herrschaft aktiv am Widerstand gegen den Tyrannen Hippias beteiligt – Kleisthenes war durch seine Bemühungen sozusagen ein Wegbereiter der attischen Demokratie. Seine Regierung brachte eine Vielzahl von positiven Veränderungen in den Bereichen

Politik, Gesellschaft und Wirtschaft zustande. Zum ersten Mal durften die Bürger (allerdings nur die männlichen) in Form von Volksversammlungen an Verhandlungen teilnehmen. Sie durften an Diskussionen teilnehmen und ihren Standpunkt darlegen, über Entscheidungen abstimmen und diese sogar anfechten.

Die Entscheidungsgewalt wurde an das Volk übergeben und lag nicht mehr in den Händen von Aristokraten oder Tyrannen. Der athenische Staatsmann Perikles betonte, dass die Verfassung Athens in den Händen vieler liegen sollte und nicht nur in denen einiger weniger. Das gemeine Volk sollte über die wichtigsten Angelegenheiten des Stadtstaates entscheiden, auch wenn einige Aristokraten damit nicht einverstanden waren. Je mehr sich die Demokratie in Athen festigte und entwickelte, desto größer wurde der Wunsch, selbst über die Geschehnisse im Lande zu entscheiden. Die Toleranz gegenüber machtgierigen Tyrannen nahm ab und es wurden Traditionen wie der Tyrannenmord eingeführt – eine Handlung, die in der Gesellschaft als äußerst ehrenvoll galt.

Diese Periode des Wohlstands und des Friedens währte jedoch nicht lange. Im Jahr 490 v. Chr. begannen die verheerenden Perserkriege, die etwas mehr als ein Jahrzehnt bis 479 v. Chr. andauerten. Während dieser Kriege schickten die Herrscher des persischen Reiches, die Großkönige Dareios der Erste und sein Sohn Xerxes, mächtige Armeen und Schiffsflotten nach Griechenland. Ziel war es, das Reich zu stürzen und die Macht in bestimmten Gebieten an sich zu reißen – die griechische Bevölkerung sollte sich den Persern unterwerfen, damit diese ihr Gebiet erweitern konnten. Insgesamt gab es fünf besonders wichtige Schlachten. Einige von ihnen wurden zu Lande ausgetragen (die Schlacht von Marathon, die Schlacht bei den Thermopylen und die Schlacht von Plataiai), andere waren Seeschlachten (die Schlachten von Salamis und Mykale), jedoch waren die Griechen in allen Fällen die klaren Sieger.

Xerxes erkannte, dass eine persische Eroberung Griechenlands unmöglich war, und zog sich mit seiner stark dezimierten Armee in sein Reich zurück. Kurz nach dem Sieg über die Perser befand sich Griechenland – und natürlich Athen als kulturelles Zentrum – wieder in voller Blüte.

Fortschritte wie in der Zeit vor den Perserkriegen waren nun wieder möglich und beschränkten sich nicht mehr auf die rein politische Dimension. Athen bewegte sich langsam auf seine Blütezeit als kulturelles und politisches Zentrum der griechischen Welt zu.

Auch weniger wohlhabende und angesehene Bürger beteiligten sich zunehmend an Kunst, Kultur oder sportlichen Wettkämpfen. Tempel und Wohngebäude sowie Kunst in Form von Skulpturen oder Vasenmalerei wurden – dank der verbesserten Ausbildungsbedingungen für Handwerker und Künstler – komplexer und lebendiger. Sie schmückten florierende religiöse Pilgerstätten, wie den Tempel der weissagenden Pythia im Heiligtum des Apollon in Delphi, oder Herrschermausoleen von monumentaler Größe. Griechenland weitete seine Handelsbeziehungen in den östlichen Mittelmeerraum aus und schloss Verträge mit anderen mächtigen Hochkulturen, wie beispielsweise den alten Ägyptern, ab.

Durch die zunehmenden Möglichkeiten zum freien Ausdruck von Meinungen und Gedanken nahm auch die Popularität von philosophischen Diskursen zu. Sicherlich haben Sie alle schon einmal von Persönlichkeiten wie denen des Platon, Aristoteles oder Sokrates gehört. All dies waren bedeutende Denker der klassischen Periode, die durch das Aufstellen von Theorien und der Teilnahme an Diskussionen einen großen Einfluss auf Politik, Wirtschaft, Kunst und Gesellschaft hatten. Hervorheben möchte ich hierbei ein Werk Platons. In seiner Schrift mit dem Titel *Der Staat* stellt er, wie man bereits vermuten mag, fundierte Staatstheorien auf und lässt dabei das Thema der Demokratie nicht außen vor. Der Staat ist und bleibt ein Werk, das auch in der Moderne nicht an Wichtigkeit verloren hat.

Viele dieser Philosophen trugen auch zu Innovationen in anderen Fachgebieten bei. Ein weiteres Kennzeichen der Klassik sind nämlich auch die wichtigen Fortschritte in den Bereichen der Naturwissenschaften, vor allem in den Fächern der Medizin und Mathematik. Leider blieb den einfachen Bürgern der Zugang zur Philosophie und der Wissenschaft weitestgehend verwehrt – wie auch noch heute waren dies bereits in der Antike Gebiete, die mit einem gewissen Bildungsstandard, der als Grundvoraussetzung für das Verständnis komplexer Theorien dient, verbunden waren.

Einfache Bürger hatten oftmals keinen Zugang zu weiterführender Bildung. Sie lässt sich als eine Art Luxusgut beschreiben, welches für die Kinder von mächtigen Athenern reserviert war – denn Bildung war teuer und exklusiv.

DIE EPOCHE DES HELLENISMUS

Die letzte Epoche der griechischen Antike bezeichnen wir als Hellenismus. Dieser Begriff stammt von dem Wort *hellenímos* ab, was in etwa so viel wie *Griechentum* bedeutet. Der Beginn dieser Epoche lässt sich auf das Jahr 336 v. Chr. datieren – also genau zum Zeitpunkt des Regierungsantritts von keinem Geringeren als Alexander dem Großen, der den meisten von Ihnen sicherlich schon einmal begegnet ist. Das Ende der Epoche geht gleichzeitig mit dem Fall des griechischen und der Expansion des römischen Reiches einher, was sich ziemlich genau auf das Jahr 30 v. Chr. datieren lässt.

Nun aber wieder zurück zu Alexander dem Großen, den wir bereits am Anfang dieses Abschnittes kurz erwähnt hatten. Alexander der Große lebte in den Jahren 356 bis 323 v. Chr. und wurde in Pella, der damaligen makedonischen Hauptstadt, geboren. Er war ein Abkömmling des makedonischen Königs Philipp dem Zweiten und der epirusischen Prinzessin Olympia, welche beide über große Macht und Reichtum verfügten. Aufgrund des Status seiner Eltern wurde es Alexander ermöglicht, Bildung direkt von den einflussreichsten Denkern seiner Zeit zu erfahren.

Dabei handelte es sich um Persönlichkeiten wie Aristoteles, die ihn in der Stadt Mieza zu einem Allgemeingelehrten erzogen. Aristoteles blieb ein lebenslanger Weggefährte von Alexander, der diesen wiederum auf seinen Reisen regelmäßig über neue Entdeckungen und Erkenntnisse informierte. Im Jahre 336 v. Chr. bestieg Alexander mit nur zwanzig Jahren den makedonischen Thron als Nachfolger seines Vaters. Obwohl er nur 33 Jahre alt wurde, stellte er sich als enorm einflussreicher Herrscher heraus, welcher das griechische Reich innerhalb von nur elf Jahren flächenmäßig enorm vergrößerte und zur Verbreitung griechischer Kultur beitrug. Erinnern wir uns kurz noch einmal an das persische Reich zurück – das Reich, das einst kläglich an dem Versuch, Griechenland einzunehmen und zu erobern, gescheitert war. Unter der Herrschaft von Alexander dem Großen drehte dies sich allerdings nun komplett – mit einem aus *nur* vierzigtausend Soldaten (man merke an, dass das persische Heer ca. 200.000 Mann umfasste) bestehenden Heer gelang es ihm, das komplette persische Reich zu erobern, was vermutlich an der guten Ausbildung und der schweren Bewaffnung der Griechen unter der strategischen Führung des Alexanders lag.

Nach dem Tod Alexanders florierte das griechische Reich noch ungefähr 300 Jahre lang – bis die Römer, deren Reich sich immer mehr vergrößerte, nach und nach Besitz über das griechische Territorium ergriffen. Das Griechenland, das unter Alexander so mächtig geworden ist, gab es in dieser Form nicht mehr. Die Epoche des Hellenismus, und somit auch das griechische Reich, endete somit im Jahre 33 v. Chr. – die einst griechische Welt befand sich nun in den Händen des römischen Kaiserreichs.

Der Alltag im antiken Griechenland — ein kleiner Einblick in die wichtigsten Sparten des antiken griechischen Lebens

Der antike griechische Alltag unterschied sich (das trifft auch auf unsere heutige Zeit zu) stark von Familie zu Familie und von Person zu Person, wobei die Schichtzugehörigkeit eine ausschlaggebende Rolle spielte. Eine typische und allgemein gültige Rekonstruktion des Alltags ist somit nicht direkt möglich, allerdings gab es jedoch gewisse Lebensbereiche, in die fast jede Person in der griechischen Antike (und vor allem in Athen) involviert war.

Im Folgenden werden wir uns daher in gewisse Teilbereiche des antiken griechischen Alltags einschleichen, wodurch wir uns näher mit den Personen, die tatsächlich ein Teil dieser alten Zivilisation waren, auseinandersetzen können. Das Wissen über das antike Griechenland, welches wir beispielsweise in der Schule vermittelt bekommen, fokussiert sich oftmals auf die großen Persönlichkeiten und wichtigen Schlachten – dabei ist es doch aber auch sehr interessant, mal die andere Seite der griechischen Antike kennenzulernen, nicht wahr?

DIE ROLLE DER FAMILIE UND DES GESCHLECHTS IM ANTIKEN GRIECHENLAND

Beginnen wir zunächst mit einem kleinen Exkurs in die Welt einer typischen griechischen Familie. Grundsätzlich lässt sich feststellen, dass nicht nur die öffentliche Gesellschaft, sondern auch der engste familiäre Kreis streng durch patriarchale Machtbilder geprägt war. Der Vater galt als das Oberhaupt der Familie. Er traf die meisten Entscheidungen – oft ohne Kompromissbereitschaft – und besaß als Mann das Recht, bei öffentlichen politischen Entscheidungen und Diskussionen mitzuwirken. Frauen mussten im Gegensatz zu ihren männlichen Mitbürgern ein Leben im Verborgenen führen.

Ihre Aufgaben waren auf den häuslichen Bereich fokussiert; sie durften nicht an öffentlichen Veranstaltungen – außer denen, die die eigene Familie betrafen (beispielsweise Beerdigungen oder Hochzeiten) – teilnehmen und mussten sich primär um die Erziehung der Kinder kümmern. Reiche Frauen überwachten oftmals auch die Arbeit ihrer Sklaven. Überraschenderweise kamen diese,

trotz ihres höheren Status, weniger an die Öffentlichkeit als ihre nicht so wohlhabenden Mitbürge-
rinnen, welche zumindest das Haus verlassen
durften, um Einkäufe zu tätigen oder Wasser zu
holen. Sie erledigten Aufgaben, die in reichen Familien sonst von Sklaven übernommen worden
sind.

Bis zum vierzehnten Lebensjahr hatten junge
Griechinnen allerdings eine eher uneinge-
schränkte und relativ freie Kindheit. Mädchen
nahmen, genauso wie die Jungen, am öffentlichen
Leben teil – ein Privileg, was jedoch nach der
Hochzeit mit meist vierzehn oder fünfzehn Jahren
endete.

Solon, den wir bereits in der archaischen Zeit
kennenlernen durften, trug durch das Erlassen
von strengen Regeln maßgeblich zur Minderung
der Freiheiten der weiblichen Bevölkerung bei.
Nach der Hochzeit galt das frisch verheiratete
Paar als *auf ewig* zusammengeschweißt. Zelebriert
wurde dies durch sämtliche Bräuche, wie zum Beispiel durch ein Opfer an die Götter (unter anderem
in Form von Tieren wie Rindern und Schafen) oder
die Weihung von heiligen und bedeutsamen Ge-
genständen und Kleidungsstücken. Auch fand

immer ein Festmahl statt, mit welchem das frisch verheiratete Paar geehrt werden sollte. Man sollte jedoch im Hinterkopf behalten, dass die Hochzeit oftmals nicht einvernehmlich stattfand und ein großer Altersunterschied zwischen Braut und Bräutigam bestand.

DIE DIMENSION DER BILDUNG – EINE SCHICHTANGELEGENHEIT

Die starke Spaltung zwischen den Geschlechtern und gesellschaftlichen Schichten machte auch nicht vor der Dimension der Bildung halt. Formale Schulen gab es grundsätzlich zunächst einmal nicht in der Form, wie wir sie heute kennen. Dies galt auch für die Schulpflicht, die im antiken Griechenland nicht existierte. Bildungseinrichtungen waren somit keine Institution, die der Gesamtgesellschaft offen standen.

Oftmals waren sie teuer und wurden speziell für die Erziehung der männlichen Abkömmlinge einflussreicher Familien etabliert. Weniger wohlhabende Jungen bekamen allerdings in seltenen Fällen die Möglichkeit, oftmals etwas günstigere, aber dafür überfüllte Schulen mit meist mehr als einhundert Schülern pro Klasse zu besuchen. Sie erlangten dadurch zwar ein gewisses Level an Grundbildung, jedoch stand der weitere, höhere Bildungsweg primär den Kindern reicher Familien offen. Diese durften oftmals von den *ganz großen Denkern* persönlich lernen – einflussreiche Philosophen und Wissenschaftler gaben ihr Wissen an die jüngere Generation weiter, wobei die Väter der jungen Schüler keine Kosten und Mühen scheuten. Zur Grundbildung gehörte vor allem das Erlernen von Lesefähigkeiten und der griechischen Schrift. Spezifische Fachgebiete, wie das der Philosophie, blieben dabei, wie bereits angedeutet, für Schüler aus der Oberschicht reserviert.

FREIZEIT IN DER GRIECHISCHEN ANTIKE – SPORT, SPAß UND SPIEL

Das Freizeitangebot im antiken Griechenland war äußerst divers und bot Möglichkeiten für jeden Geschmack an. Seien es die Dimensionen der Kultur und Literatur oder gar sportliche Veranstaltungen und Wettkämpfe – die Bandbreite an verschiedensten Möglichkeiten war groß und sorgte stets für die Unterhaltung der Gesellschaft.

Uns mögen dabei vor allem die sportlichen Wettkämpfe der Olympischen Spiele in den Kopf kommen. Diese fanden in ihrer Ursprungsform alle vier Jahre zu Ehren des Gottes Zeus statt und beschränkten sich auf einige wenige sportliche Disziplinen, wie zum Beispiel Wettläufe, Wagenrennen oder Box- und Ringturniere. Die ersten Olympischen Spiele fanden während der archaischen Zeit im Jahre 776 v. Chr. statt und wurden bis in das Jahr 339 n. Chr. in ihrer Ursprungsform regelmäßig ausgeführt. Aus ganz Griechenland reisten Athleten an, die drei Monate lang in den verschiedenen Disziplinen gegeneinander antraten. Der Sieger wurde mit einem Lorbeerkranz geweiht, denn dieser galt als heilige Pflanze, die unter anderem den Göttern Zeus und Apollon gewidmet war.

Nicht weit vom Ort der Wettkämpfe gelegen befand sich demnach auch das Heiligtum des Zeus, auf dessen Gelände unter anderem Weihgeschenke im Namen der Sieger für den mächtigsten der griechischen Götter aufgestellt wurden. Manchmal waren es die Wagen der Gewinner der

Pferderennen, manchmal waren es speziell ange-
fertigte Skulpturen, deren Aufgabe es war, dem
Gott des Donners zu imponieren – denn dieser
stand, obwohl Sie, liebe Leserin, lieber Leser, vermutlich primär den sportlichen Wettbewerbsge-
danken im Hinterkopf haben, immer noch im Mittelpunkt der Olympischen Spiele. Sie waren ergo
eine Art Sportveranstaltung, bei der die Wettkämpfe als Rituale oder Zeremonien für Zeus
dienten.

Auch außerhalb dieses sagenumwobenen Or-
tes fanden zahlreiche sportliche Wettkämpfe statt,
allerdings nicht in der gleichen Dimension wie in
Olympia. Dabei handelte es sich ebenfalls um reli-
giös geprägte Veranstaltungen, die im Namen eines Gottes oder einer Göttin ausgetragen wurden.
Nennenswert wären hier die Wettkämpfe in Delphi (ein spannender Ort, den wir später noch zusammen erkunden werden), Isthmia oder Nemea.

Das Freizeitangebot der alten Griechen be-
schränkte sich natürlich jedoch nicht nur auf den
Aspekt des Sportes sowie auf Turniere. Man möge
sich das gar nicht vorstellen können, aber auch in
der Antike gab es bereits Etablissements, welche
wir heutzutage als Bars oder Clubs bezeichnen

würden. Solche Einrichtungen waren oftmals in Städten mit Häfen oder guter infrastruktureller Anbindung an den Rest der griechischen Welt angesiedelt. Dort herrschte in der Regel immer reger Publikumsverkehr. Händler, Segler und Geschäftsleute aus dem ganzen Reich kamen an diesen zentralen Orten zusammen, um ihre wirtschaftlichen Vorhaben in die Tat umzusetzen.

Einige von ihnen waren eventuell auch nur auf der Durchreise, was sie jedoch nicht daran hinderte, am Nachtleben dieser Orte teilzunehmen. Wie Olympia waren dies jedoch auch keine reinen Orte des Vergnügens – Clubs und Bars dienten auch als Handelsstätten, in denen man Verträge abschloss oder sich über Geschäfte austauschte. Überraschenderweise waren es jedoch auch Plätze der interkulturellen und schichtunabhängigen Zusammenkunft – Sklaven (falls diesen die Erlaubnis erteilt wurde) trafen auf freie, reiche Männer; Griechen trafen auf Nicht-Griechen. Eine wahre Besonderheit in einer sonst so stark separierten Gesellschaft.

eider wurde griechischen Frauen die Teilhabe an öffentlichen Freizeitveranstaltungen zum Großteil verwehrt.

EIN BESUCH IM THEATER –
KOMISCH, TRAGISCH, AMÜSANT

Die Griechen haben das Theater und das Schauspiel zwar nicht erfunden, aber durchaus enorm wichtige Beiträge zur Entwicklung dieser Kunstform geleistet. Ihnen sind sicherlich schon einmal die Begriffe der Tragödie und der Komödie im Alltag begegnet. Sie sind Teil unserer Sprache und Kultur, erinnern uns an Dinge, wie beispielsweise Filme und Fernsehen, und sind somit immer noch ein Teil unserer modernen Welt. Dabei sind die Ursprünge dieser Begriffe tief in der Welt des antiken Theaters verwurzelt. Der Besuch des Theaters war eine beliebte Methode der Freizeitgestaltung, die in allen Schichten der Gesellschaft auf Gefallen stieß. Aus diesem Grunde wurden öffentliche Theater in der Regel vom Staat subventioniert und finanziert, sodass diese von so vielen Bürgern wie möglich besucht werden konnten. Egal, ob alt oder jung, arm oder reich – die Themen der Tragödien und Komödien behandelten die Sphären der menschlichen Psyche und bezogen sich auf aktuelle gesellschaftliche Probleme, die auf kunstvolle Weise behandelt wurden.

Aufgeführt wurden diese Stücke in sogenannten Amphitheatern. Vielleicht waren Sie ja schon in einem solchen, denn diese Form wird auch noch heute für den Bau von Veranstaltungsstätten verwendet. Die Bühne besteht aus einem Halbkreis, der nicht erhöht ist, sondern sich ebenerdig in der Mitte des Theaters befindet. Um die Bühne herum sind Sitzbänke halbkreisförmig angeordnet. Die einzelnen Reihen werden dabei (von vorne nach hinten) immer höher, wodurch jedem Besucher eine exzellente Sicht auf das Schauspiel gewährleistet wird.

Der Teil hinter der Bühne zeichnete sich oft durch hohe, mit Säulen ausgestattete Wände, die als Zugänge zu Stau- und Vorbereitungsräumen dienten, aus. Hier versteckten sich die Schauspieler zwischen den Szenen, um entweder auf ihren Einsatz zu warten oder das Kostüm zu wechseln. Das Ensemble bestand nur aus männlichen Personen, die auch für das Spielen der weiblichen Rollen zuständig waren. Je nachdem, ob das Stück tragisch oder komisch war, trug man Komödien- (diese zeichneten sich durch einen lachenden, absurden Gesichtsausdruck aus) oder eher traurig blickende Tragödienmasken, welche man mit

weißen, neutralen Gewändern kombinierte, sodass ein Rollenwechsel durch das bloße Ändern
der Maske rasch möglich war.

In der Regel gab es einen Chor, der aus mehreren Personen bestand und die Zuschauer durch
das Erzählen von längeren Passagen, die Aufschluss über den Kontext des Schauspiels liefer-
ten, durch das Geschehen führten. Manchmal
kommunizierte der Chor auch mit den anderen
Schauspielern, manchmal trug er durch das kano-
nisierte Aufsagen von Monologen zum Fortschrei-
ten der Handlung bei.

Die Hauptdarsteller kommunizierten entweder in Dialog- oder Monologform miteinander,
wobei sie im Mittelpunkt des Geschehens standen.
Sie wandten sich dabei oft direkt an das Publikum,
wodurch sie ihre Gedanken und folglich auch die
Moral des Stückes wirksam kommunizieren konnten. In der Regel handelte es sich dabei um profes-
sionell ausgebildete Künstler, die von den Dichtern selbst (vorausgesetzt, diese lebten noch zum
Zeitpunkt der Aufführung) ausgewählt wurden.
Auch die Inszenierung der Stücke erfolgte meist
durch ihre Erschaffer, deren Ziel es war, ein

Schauspiel, welches genau ihren Vorstellungen entsprach, auf die Beine zu stellen.

Schauen wir uns die beiden Genres nun einmal genauer an, wobei ich Sie zunächst in die Welt der Tragik einführen möchte.

Der Ausdruck *Tragödie* stammt von den griechischen Wörtern *tragos* (Bock) und *ode* (Gesang) ab, woraus dann später der Begriff *tragōida* entstand. Als Vorreiter der Tragödie gilt der Dichter Sophokles, welcher im 5. Jh. v. Chr. tätig war und noch heute als einer der wichtigsten Autoren des Genres gilt. Seine Werke, wie zum Beispiel *Ajax* oder *Electra*, dienten und dienen als große Quelle der Inspiration und werden somit nicht einfach nur schlicht aufgeführt, sondern tragen auch zum Entstehen neuer Werke bei. Die Handlung einer Tragödie war fast immer von Episoden aus der griechischen Mythologie inspiriert, die oft ein Teil der griechischen Religion waren. Als Folge dieser ernsten Thematik, die sich in der Regel mit moralischem Recht und Unrecht auseinandersetzte, war keine Darstellung von Gewalt auf der Bühne erlaubt und der Tod der Figur musste im Verdeckten geschehen – abgeschirmt von den Blicken der Zuschauer.

Zumindest in den frühen Zeiten der Tragödie war es dem Dichter auch nicht gestattet, politische Aussagen – weder direkt noch indirekt – zu tätigen. Dies ließ man erst im Zeitalter der Komödien allmählich zu.

Die Komödie entstand erst nach der Tragödie und wurde vor allem vom Dichter Aristophanes geprägt, der sie zu einem populären Theatergenre beförderte. Komödien beschäftigen sich auf eine abstrakt-absurde Art und Weise mit Themen ernsterer Natur. Sie übten Kritik an aktuellen politischen und gesellschaftlichen Vorkommnissen und kritisierten auch oft berühmte Persönlichkeiten mit hohem Ansehen. Beispielsweise wurden dabei vor allem der Philosoph Sokrates und dessen Ideen ins Visier (insbesondere in das des Aristophanes) genommen. Der Spott dabei war allerdings nie geschmacklos, sondern stets klug formuliert und gut durchdacht. Die durch das Stück vermittelte Kritik hatte „Hand und Fuß" und spiegelte oft die Meinung des Großteils der Gesellschaft wider. In höheren Kreisen, deren Mitglieder nicht gerade selten zu den Opfern des Spottes gehörten, wurden Komödien jedoch als direkte Angriffe auf Status und Ehre angesehen. Man wollte einen schlechten

Ruf vermeiden und wehrte sich in einigen Fällen gegen die satirischen Darstellungen ihrer selbst.

Wie die sportlichen Wettkämpfe in Olympia waren auch die Aufführungen von Theaterstücken stark durch die religiöse Sphäre geprägt. Die Inszenierungen der Tragödien und Komödien weihte man in der Regel Dionysos, welcher Ihnen vermutlich als Gott des Weines bekannt ist. Dionysos (oder auf Lateinisch Bacchus genannt) war jedoch auch mit den darstellenden Künsten – und dadurch auch mit dem Schauspiel – verbunden, weshalb die besagten Aufführungen gleichzeitig als Ritual dienten. Die Mitglieder des Chores tanzten ekstatisch zu Flötenklängen, welche das schauspielerische Geschehen oftmals untermalten – sie ehrten somit den Gott, der regelrecht über ihr Berufsfeld herrschte. In den Monaten Januar und März fanden die dem Dionysos gewidmeten Feste der Läden und Dionysien statt. Dichter traten in Wettbewerben gegeneinander an und konnten ihr künstlerisches Talent unter Beweis stellen, wobei mehrere zehntausende Bürger aus dem ganzen griechischen Raum das Spektakel aufmerksam verfolgten.

Griechische Theaterstücke sind noch längst kein archäologisches Relikt der Vergangenheit. Falls Sie nun auf den Geschmack gekommen sind, sich selbst einmal in die Welt der antiken Griechen mithilfe der Schauspielkunst hineinzuversetzen, können Sie dies auch noch heute problemlos tun. Ob Laien-Inszenierung oder professionelle Aufführungen – griechische Tragödien und Komödien hören nicht auf, uns zu begeistern und zu inspirieren.

Die Götterwelt der antiken Griechen – von A wie Apollon bis Z wie Zeus: ein kurzer Überblick über die Götter des Olymps

Bevor wir tiefer in die Welt der griechischen Götter eintauchen können, müssen wir uns erst einmal mit den wichtigsten aller Götter – den sogenannten Olympiern – bekannt machen. Sie bilden die Basis komplexer mythologischer Erzählungen und prägen dabei die Gesellschaft von Grund auf. Religion stand somit in der griechischen Gesellschaft im Mittelpunkt. Alles wurde auf irgendeine Art und Weise einem oder mehreren Göttern gewidmet – sowohl im Privatleben als auch in der Öffentlichkeit. Das Ihnen vorliegende Glossar wird Ihnen diese äußerst interessanten Gottheiten kurz und knapp vorstellen, wobei Sie schnell bemerken werden, wie umfangreich und komplex diese sagenumwobenen Geschöpfe waren.

APHRODITE

Aphrodite war die olympische Göttin der Liebe, der Schönheit sowie der Lust. Sie wurde als junge, hübsche Frau dargestellt, oft in Begleitung des geflügelten Gotteskindes Eros, der die erotisch-körperliche Liebe repräsentierte. Zu ihren Merkmalen gehören eine Taube, ein Apfel, eine

Jakobsmuschel sowie ein Spiegel. Skulpturale Darstellungen der Aphrodite zeigten die Göttin meist ohne oder nur in leichter Bekleidung.

APOLLON

Apollon war der olympische Gott der Wahrsagerei und der Orakel, der Musik, des Gesangs und der Dichtkunst, des Bogensports, der Heilkunde, der Plagen und Seuchen sowie der Beschützer der männlichen Jugend. Er wurde als bartloser, schöner Jüngling mit langem Haar und typischen Merkmalen, wie dem Lorbeerkranz und dem Lorbeerzweig, Bogen und Pfeil oder Rabe und Lyra, einem besaiteten Musikinstrument, dargestellt. Seine Zwillingsschwester war Artemis, die Göttin Themis seine Mutter. Eines der berühmtesten Heiligtümer der griechischen Welt – nämlich das von Delphi – wurde Apollon gewidmet.

ARES

Ares war der olympische Gott des Krieges, der Courage und der Zivilordnung. In der griechischen Kunst der Antike wurde er entweder als bärtiger, zum Kampf gewappneter, erwachsener Krieger oder als nackter, bartloser Jüngling, ausgerüstet mit Helm und Speer, abgebildet. Im Gegensatz zu Athena, der Göttin der strategischen Kriegsführung, repräsentierte Ares die rein brutale Seite des Kriegs.

ARTEMIS

Artemis war die olympische Göttin der Jagd, der Wildnis und der wilden Tiere sowie die Entität, die über die Geburt herrschte und Mädchen bis zum Heiratsalter beschützte. Wie auch ihr Zwillingsbruder Apollon war Artemis Überbringerin von Tod und Krankheit. In der antiken Kunst wurde Artemis gewöhnlich als Mädchen oder junge Jungfrau mit einem Jagdbogen und einem Pfeilköcher porträtiert. Begleitet wurde sie oftmals von einer Hirschkuh, mit der sie zusammen bei der Jagd dargestellt wurde.

ATHENA

Athena war die olympische Göttin der Weisheit und des guten Rates, des Krieges und der strategischen Kriegsführung. Sie wurde als mit Schild und Speer bewaffnete Frau dargestellt, die ein langes Gewand mit Panzerung sowie einen Helm trug. Begleitet wurde sie oftmals von einer Eule, die als Zeichen der Weis- und Klugheit galt. Auf ihrem Brustpanzer war oftmals der Kopf der Medusa abgebildet. Dieser diente als Symbol des Schutzes.

DEMETER

Demeter war die olympische Göttin des Bodens, des Getreides sowie des Brotes, das die Bevölkerung stets mit Nahrung versorgte. Sie wurde als erwachsene Frau dargestellt, die in der Regel eine Krone trug und einen Korb mit sich führte. Ebenso wurde Demeter oft mit einer Fackel und einem Füllhorn abgebildet, welches Fruchtbarkeit und eine gute Ernte repräsentierte.

DIONYSOS

Dionysos war der olympische Gott des Weins, des Theaters, der Geselligkeit, des Rausches und der Ekstase. Er wurde entweder als bärtiger und älterer Gott oder als gut aussehender, langhaariger Jüngling dargestellt. Zu seinen Attributen gehörten der Thyrsos – ein Stab mit Kiefernzapfen an der Spitze –, ein mit Wein gefüllter Trinkkrug und eine mit Efeu bedeckte Krone. In der Regel wurde er von einer Schar Satyrn (Mischwesen aus Mensch und gehörnter Fantasiefigur) und Bacchantinnen (ekstatische Verehrerinnen) begleitet, welche sich meist im weintrunkenen Rausch befanden.

HEPHAESTUS

Hephaistos bzw. Hephaestus war der olympische Gott des Feuers, der Schmiede, der Handwerker, der Metallverarbeitung, der Steinmetze und der Bildhauerkunst. Er wurde als bärtiger Mann dargestellt, der einen Hammer und eine Zange in der Hand hielt und auch manchmal auf einem Esel ritt. Er nahm oft eine weniger präsente Rolle in den griechischen Mythen ein und galt als der am wenigsten attraktivste Gott.

HERA

Hera war die olympische Göttin der Ehe, der Frauen, des Himmels und des Sternenhimmels. Sie wurde in der Regel als hübsche, bekrönte Frau dargestellt, die ein königliches Zepter mit einer Spitze aus Lotus in der Hand hielt und gelegentlich von einem Löwen, Kuckuck oder Falken begleitet wurde. Hera war die Frau des Zeus und die Königin unter allen griechischen Göttinnen.

HERMES

Hermes, dessen lateinischer Name Merkur lautete, war der olympische Gott der Hirten und Herden, der Reisenden und der Gastfreundschaft, der Straßen und des Handels, des Diebstahls, der Sprache und der Schreibkunst, der sportlichen Wettkämpfe und der Sportstätten sowie der Astronomie und der Astrologie. Er war ein Abgesandter und persönlicher Bote des Zeus und auch der Führer der Toten, der die Seelen in die Unterwelt hinab zu Persephone und Hades begleitete. Dargestellt wurde Hermes entweder als hübscher und athletischer Jüngling oder als älterer, bärtiger

Mann mit geflügelten Stiefeln und einem ebenfalls geflügelten Herolds-Stab, um den sich eine Schlange wand.

POSEIDON

Poseidon (auf Lateinisch auch als Neptun bekannt) war der olympische Gott des Meeres, der Erdbeben, Überschwemmungen, Dürren sowie der Pferde.

Er wurde als alter Mann mit kräftigem Körperbau und Bart dargestellt, der einen Dreizack (einen gabelähnlichen Fischerspieß) in der Hand hielt.

ZEUS

Zeus (auf Lateinisch auch Jupiter genannt) war der König der Götter und der Gott des Himmels, des Wetters, des Gesetzes und der Ordnung, des Schicksals und des Königtums. Er wurde als majestätischer, alter Mann mit robustem, muskulösem Körper und dunklem Bart dargestellt. Seine typischen Merkmale waren ein Blitz, ein königliches Zepter und ein Adler. Er ist durch seine zahlreichen Affären der Vater vieler weiterer Gottheiten und somit fest im Stammbaum der griechischen Götter und Heroen verankert. Zeus gilt als der wichtigste und mächtigste Gott, weshalb es in fast jeder Stadt Kultstätten für ihn gab.

Das sind ganz schön viele Gottheiten, nicht wahr? Man mag es kaum glauben, aber die tatsächliche Gesamtzahl der griechischen Götter übersteigt die der olympischen Götter bei weitem. Keiner ist sich so wirklich sicher, wie viele Gottheiten denn nun tatsächlich verehrt wurden. Den Olympiern wurde zwar die höchste Wichtigkeit zugesprochen, jedoch existierten noch hunderte weitere höhere Wesen, die jeweils für spezifische Aufgaben und Zwecke standen. Denken Sie einfach einmal an eine beliebige Sache, die Ihnen gerade spontan in den Kopf kommt – es ist nicht unwahrscheinlich, dass es auch Gottheiten für diesen spezifischen Bereich gab. Zwar waren die Kulte der weniger unbekannteren Gottheiten nicht so groß wie die eines Zeus oder eines Apollon, aber trotzdem enorm bedeutend für ihre Anhänger. Doch wie verehrte man nun diese Götter? Etwa durch blutige Rituale oder leidenschaftliche Gebete?

Oder sah dies sogar ganz anders aus, als wir es uns vorstellen? Bezüglich der Verehrung der Gottheiten müssen wir uns die private und öffentliche Sphäre einmal getrennt anschauen.

Gehorchet den Göttern — Ritual und Zeremonie innerhalb und außerhalb des Hauses

GÖTTERVEREHRUNG IN DER ÖFFENTLICHKEIT VS. ZU HAUSE

Beginnen wir mit der im öffentlichen Raum ausgetragenen Götterverehrung. Diese fand in der Regel in Tempeln oder gar riesigen Kultstätten, die teils ganze Landstriche einnahmen, statt. Der typische Tempel, welcher in der klassischen Archäologie auch als Peripteros bezeichnet wird, befand sich dabei oft auf einem Stufenpodium, welches das Gebäude höher erscheinen ließ, und war durch imposante Säulen, die das Dach trugen, gekennzeichnet. Die Säulen wurden dabei in drei Kategorien, auch Säulenordnungen genannt, aufgeteilt, die selbst in der heutigen Baukunst immer noch Verwendung finden. Sie waren mit bestimmten Attributen verbunden und je nach Gottheit strategisch eingesetzt.

Die kräftigen dorischen Säulen symbolisieren Stärke und Maskulinität. Einsatz fanden sie oftmals an Tempeln für Götter wie Ares oder Zeus, die mit den Sphären der Stärke und des Krieges identifiziert wurden.

Die ionische Säulenordnung wird oft mit Femininität und Grazilität verbunden. Wenn wir uns den

Säulenkopf, also das *Kapitell,* einer ionischen Säule anschauen, fallen uns sofort rundliche, spiralförmige Ornamente ins Auge – dies sind die sogenannten Voluten. Sie sollen an eingedrehte Mädchenzöpfe erinnern, die im antiken Griechenland als Trendfrisur galten. Häufig findet man ionische Säulen an Tempeln wieder, die Gottheiten wie Aphrodite oder Apollon geweiht waren. Man merke an, dass sich der Aspekt des Geschlechts nicht auf die Gottheit an sich selbst bezieht, sondern eher auf die Dinge, mit denen sie verbunden wird.

Die dritte Ordnung aus dem Säulenkanon wird als korinthisch bezeichnet. Sie gilt als die edelste aller Säulen und repräsentierte Ehre und Ehrfurcht, weshalb man sie oftmals in Tempelinnenräumen verwendete. Sie war als eher maskulin konnotiert, wurde jedoch meist als reines Zeichen der Verehrung (beispielsweise um das Kultbild herum) angesehen und demnach auch götterübergreifend verwendet. So findet man korinthische Säulen auch in Innenräumen von Aphrodite- oder Apollon-Tempeln wieder. Die korinthische Ordnung ist mit Abstand die am meisten verzierte; Blätter und Blüten ranken sich um das Kapitell und imitieren somit das Aussehen einer Akanthuspflanze.

Im antiken Rom nahm man die griechischen Ordnungen als Basis für zwei neue Säulenarten – die sogenannte toskanische ist dabei eine reduzierte Form der dorischen Ordnung und die komposite Ordnung ist eine Fusion aus korinthischem und ionischem Kapitell.

Das Dach verfügte über zwei dreieckige Giebelflächen, die sich an den Kurzseiten des Tempels befanden und mit dekorativen Giebelskulpturen ausgestaltet waren. Beliebte Motive waren dabei unter anderem Kampfszenen, die beispielsweise auf bekannten Mythen aus Werken wie der Odyssee oder der Ilias beruhen. Oft handelte es sich auch um direkte Bildnisse der Gottheit, der der Tempel geweiht war. Erst seit ein paar Jahren ist uns bekannt, dass die Skulpturen und Ornamentik eines solchen Tempels in der Tat sehr farbenfroh gestaltet waren, was unser Bild der Skulptur und Baukunst der griechischen Antike zunächst ein wenig auf den Kopf stellte. Farbreste wurden während älterer Ausgrabungen als Dreck oder Schmutzspuren abgestempelt und folglich schlichtweg entfernt. Moderne

Grabungsmethoden ermöglichen uns heutzutage, die Farben zu präservieren und sogar deren Alter zu identifizieren.

Der Innenraum des Tempels, der auch *Cella* genannt wird, umfasste das Kultbild sowie die Ritualstätte, in der Zeremonien im Namen der Gottheit abgehalten wurden. Die Cella bestand entweder aus einem einzigen Raum oder war in mehrere Bereiche mit unterschiedlichen Nutzungsfunktionen aufgeteilt.

Im Mittelpunkt des Raumes befand sich meist eine gigantische Statue der Gottheit, die in der Regel mehrere Meter hoch war. Vor ihr wurden Opfer- oder Votivgaben abgelegt. Diese kleinen Geschenke symbolisierten die Dankbarkeit der Kultanhänger, die durch das korrekte Durchführen von Zeremonien auf göttliche Intervention hofften. Bei den Opfergaben handelte es sich um Tieropfer oder Gegenstände, die mit der Aufgabe des Gottes oder der Göttin zusammenhingen. Hoffte man beispielsweise auf Heilung, legte man kleine Gipsskulpturen der betroffenen Körperteile vor dem Kultbild des Asklepios, dem Gott der Medizin und der Heilung, ab. Menschen wurden grundsätzlich nicht geopfert. Lebendige Opfer beschränkten sich auf Nutztiere, wobei ein Stier oder Bulle als das edelste Opfertier galt. Priesterinnen und Priester kümmerten sich um die Instandhaltung der Kultstätte und leiteten meist auch die Zeremonien.

Nicht in allen Kulten liefen die Zeremonien so geregelt und formal ab. Der berühmt-berüchtigte Kult des Dionysos, bestehend aus den als wild und exzentrisch geltenden Bacchantinnen, zeichnete sich durch ekstatische Riten aus. Es wurde exzessiv getrunken und getanzt; im Rausch opferte man Tiere; man raste unkontrolliert durch Städte und Wälder – befestigte Kultstätten oder Tempel gab es dabei oftmals keine.

Die Verehrung der Götter im eigenen Haus war genauso wichtig wie die Teilnahme an öffentlichen Ritualen und Zeremonien. An ihr durften auch Frauen, die meist an das Haus gebunden waren, teilhaben. In jedem Heim befand sich in der Regel ein kleiner Altar, auf dem kleine Bildnisse der Hausgöttinnen und -götter platziert waren. Diese Miniaturskulpturen bestanden entweder aus Bronze, Marmor oder einem anderen Gestein – je nachdem, wie wohlhabend die Familie war. Tiere wurden hier nicht geopfert, dazu war der

Platz nicht vorhanden. Stattdessen wurden Pflanzen verbrannt und Votivgaben vor den Bildnissen der Götter abgelegt. Dies war Teil eines täglichen Rituals, welches jeden Morgen korrekt durchgeführt werden musste. Eine falsch durchgeführte oder gar verpasste Zeremonie brachte die Familie in Gefahr. Man glaubte nämlich, dass der Segen (oder im schlimmsten Falle der Zorn) der Götter über das Schicksal und Leben innerhalb der Familie bestimmte.

Auch die Verehrung der Ahnen war ein unerlässlicher Teil der morgendlichen Zeremonie. Die alten Griechen glaubten, dass die Seele eines Menschen nach dem Tod in die Unterwelt zu Persephone und Hades hinabstieg und dort auf ewig ruhte. Die Ahnen existierten somit zwar nicht mehr in physischer Form, waren jedoch immer noch indirekt ein Teil der Familie, den man nicht einfach so vergessen wollte.

MARKUS DANNEN

GÖTTERVEREHRUNG IN KULTSTÄTTEN – EIN BESUCH IM HEILIGTUM VON DELPHI

Das Heiligtum von Delphi war ohne Ausnahme eine der berühmtesten und wichtigsten Pilgerstätten der gesamten griechischen Antike. Vermutlich wissen Sie bereits einiges über diese sagenumwobene Kultstätte des Apollon, welche vor allem für ihr Orakel, die sogenannte Pythia, bekannt war. Der Ort Delphi befand sich im Rücken des Musenbergs, dem Parnass, weit abgelegen von jeglicher Zivilisation. Viele Anbindungen an die Stadt, weder über Land noch über das Meer, gab es nicht, denn Delphi befand sich inmitten einer Felsschlucht, die den Ort umzingelte und somit noch weiter von der Außenwelt abschirmte.

Um Delphi herum befand sich sonst nur Weideland, auf dem ausschließlich die Haltung von Opfertieren erlaubt war. Das gleichnamige Dorf, das über dem Heiligtum lag, war relativ klein und unbedeutend im gesamtgriechischen Kontext; es hatte gar einen miserablen Ruf inne! Die Bewohner galten als geldhungrig und profitorientiert; sie versteuerten sämtliche Produkte, die von den

Pilgern erworben wurden, und erhöhten stetig die Preise, um ebenfalls von den großen Besucherzahlen zu profitieren. Kontrolle über das Heiligtum hatten sie allerdings keine – diese Aufgabe wurde von speziellem Verwaltungspersonal übernommen. Die Göttin Athena (mit dem Beinamen *Pronaia* – die *Vorausschauende*) war die designierte Beschützerin der Kultstätte. Vor dem Heiligtum des Apollon befand sich demnach auch ein Tempel, der dieser Göttin gewidmet war und als Grenzübergang zwischen Kultstätte und Außenwelt galt.

Das Herzstück des Heiligtums war der Apollon-Tempel, in dem das Orakel am siebten jeden Monats stattfand. Große Menschenmassen pilgerten nach Delphi, wobei die Besucher nicht nur aus Griechenland, sondern auch aus dem Nahen Osten (in seltenen Fällen waren dies sogar Pharaonen aus Ägypten) zum Tempel des Apollon kamen, um sich ihre Zukunft voraussagen zu lassen. Die Pythia, eine besondere Priesterin, fungierte hierbei als Vermittlerin zwischen den fragenden Personen und dem Gott Apollon, wobei sie sich in einer Art Trance befand. Man weiß nicht genau, was es war, das sie in einen solchen Zustand versetzen konnte

– vermutet wird jedoch, dass es sich um eine gasförmige Substanz handelte, die in der Lage gewesen sein muss, Halluzinationen herbeizurufen. Die Fragen schrieb man entweder auf einen Zettel oder man stellte sie der Pythia selbst, was meist von der Länge und der Komplexität dieser abhing. Da sich ein in Trance befindlicher Mensch selten klar ausdrücken konnte, mussten die Antworten der Wahrsagerin zunächst durch Priester übersetzt und interpretiert werden. Ohne deren Hilfe ergaben diese nämlich nur wenig Sinn – den einzelnen Wortfetzen und Lauten musste erst eine besondere Bedeutung zugeschrieben werden, bevor diese dem Fragenden Aufschluss über sein Schicksal geben konnten.

Die Bandbreite an Themen, zu denen Fragen gestellt wurden, war breit gefächert – oft kam es vor, dass Fragen zu banalen Alltagsproblemen auf solche, die sich um Strategien für die Führungen von Kriegen drehten, folgten. Somit fand der Orakel-Dienst in allen Schichten der Gesellschaft Anklang und stand allen Menschen kostenlos offen. Mächtigere Personen hatten jedoch Vorrang; sie durften ihre Fragen (welche in der Regel von ernsterer Natur waren) vor allen anderen neugierigen Besuchern stellen.

Auch Delphi war, wie Olympia, ein Ort, an dem Wettkämpfe zu Götterehren stattfanden. Anstatt einer Sportveranstaltung handelte es sich bei den *Pythischen Spielen* um einen Wettstreit der Künste (vor allem der Dichtung und der Musik), über die Apollon als repräsentative Gottheit herrschte. Auch sie fanden in einem speziell errichteten, großen Stadion statt und wurden primär zur Unterhaltung des Gottes veranstaltet. Flötenspieler traten in Improvisationswettbewerben um den ersten Preis an;

Dichter führten ihre Epen und Theaterstücke auf; ein wenig später kamen vereinzelt auch Wagenrennen dazu. Das Angebot an Disziplinen war zahlreich und sorgte für die Unterhaltung aller Beteiligten – sowohl für die Teilnehmer und den Gott als auch für den Gast. Die Sieger der *Pythien* wurden mit einem Lorbeerkranz oder einer Siegerbinde, die man sich um den Kopf band, ausgezeichnet. Wichtige Personen aus den Heimatorten der Sieger brachten wertvolle Schätze nach Delphi, die in speziell errichteten Schatzhäusern zur Schau gestellt wurden. Statuen aus massivem

Gold und reich geschmückte Giebel zierten die kleinen tempelähnlichen Gebäude der Sieger-städte. Man bedankte sich so bei Apollon (dieser hatte den Wettkämpfer ja schließlich gewinnen lassen) und prahlte gleichzeitig mit seinen Reich-tümern.

Im Laufe der Jahrhunderte verlor Delphi an Popularität und Bedeutung. Die Fragen der Besu-cher wurden immer banaler, die ganze Veranstal-tung verlor an Ernsthaftigkeit. Der Heiligtums-Betrieb wurde nach und nach ruhiger und endete schließlich im 3. Jh. n. Chr. Erst in der Mitte des 19. Jahrhunderts begann man mit den Ausgrabun-gen der Kultstätte. Viel ist nicht mehr von dem einst prosperierenden Pilgerzentrum im griechi-schen Niemandsland vorhanden, doch an Wich-tigkeit hat es bis heute trotzdem nicht verloren.

Noch immer begeistert uns die griechische Antike. Noch immer tauchen wir gerne in die Welten der Ilias und der Odyssee ab. Noch immer erforschen wir aktiv die Geschichte dieser einst so mächtigen Zivilisation. Der nächste und letzte Stopp dieser Zeitreise führt uns wieder nach Hause – in die Moderne. Doch der Einfluss des alten Griechenlands endet auch hier längst noch nicht.

Der Einfluss der griechischen Antike auf unsere heutige Welt – altertümlich, jedoch keinesfalls vergessen

Es ist unbestreitbar, dass die griechische Antike immer noch enorm relevant für uns ist. Sie zieht sich durch fast alle Aspekte unseres Lebens (zumindest in der westlichen Welt) und beeinflusst somit unseren Alltag – sie wirkt sich auf unsere Wissenschaft, unsere Freizeit, unsere Kunst und Literatur und sämtliche andere erdenkbare Bereiche unserer Gesellschaft aus, die wir uns heute nicht mehr wegdenken könnten.

Ohne die Errungenschaften der antiken Griechen hätten wir heute keine Demokratie, wie wir sie heute kennen. Ohne die Mythen von Dichtern wie Homer und Hesiod blieben uns immersive Geschichten verwehrt, die auf den Werken dieser antiken Schriftsteller beruhen und die Tradition des altertümlichen Epos bis heute fortführen. Man könnte diese Liste ewig weiterführen.

Schauen wir uns deshalb, liebe Leserinnen und Leser, zusammen eine Art *Best-Of-Liste* dieser nennenswerten Dinge an. Ich garantiere Ihnen, dass Sie nach dem Lesen dieser kleinen Einführung mit offenen Augen durch die Welt gehen werden – durch eine Welt, in der es nur so von antiken Einflüssen wimmelt.

Beginnen wir mit der Politik. Die moderne Definition der Demokratie unterscheidet sich zwar in vielen Aspekten von der der alten Griechen, jedoch wäre ihre Etablierung ohne diesen Vorreiter vermutlich nie zustande gekommen. Wir wählen (zumindest in Deutschland) heutzutage Abgeordnete, die unsere Interessen in einem Parlament vertreten sollen, und sind somit indirekt in die Abstimmung über Gesetze und Verordnungen involviert.

Die athenische Demokratie war im Gegensatz zu unserem System auf direkte Abstimmungen ausgelegt. Stimmberechtigte Bürger durften direkt über Vorhaben entscheiden – die vollständige Stimmkraft lag also in der Hand des Volkes. Auch wenn uns dieses System heute nicht mehr direkt vertraut ist, so wird es dennoch in anderen Staaten (wie beispielsweise in der Schweiz) teilweise oder vollständig angewendet. Die Bürgerinnen und Bürger eines Landes stimmen in Volksentscheidungen per direkter Stimmabgabe über wichtige Themen ab. Ganz schön griechisch, nicht wahr? Glücklicherweise besitzen dort auch wirklich alle Bürgerinnen und Bürger das Recht, an Abstimmungen teilzunehmen. Die griechische

Demokratie war nicht ganz fair und schloss riesige Gruppen der Bevölkerung aus – doch sie brachte uns etwas, auf dem wir etwas aufbauen konnten: Ein System, das durchaus seine Schwächen hat, aber der Bevölkerung eines Landes die Möglichkeit der politischen Partizipation (in-) direkt ermöglicht.

Die griechische Mythologie ist aus unserer heutigen Welt nicht mehr wegzudenken. Sie gilt als Inspirationsquelle für Dichter und Denker, Maler und Bildhauer – kurz gesagt beeinflusst sie Kunst- und Kulturschaffende auf der ganzen Welt. Doch auch in der Popkultur finden wir regelmäßig ihre Einflüsse wieder. Comic-Helden oder *Action-Heroes* basieren auf Gottheiten wie Zeus oder Athena, die wiederum in Filmen, die ebenso auf mythologischen Erzählungen basieren, fesselnde Abenteuer erleben und um den Sieg kämpfen müssen. Die Parallelen zu Figuren wie der des Achilles oder des Herkules sind dabei meist offensichtlich. Immer beliebter werden auch sogenannte *Retellings,* also Neuerzählungen von griechischen Mythen mit einem oft modernen Twist. Besonders möchte ich Ihnen hier das Buch *Das Lied des Achill* der US-amerikanischen Autorin

Madeleine Miller ans Herz legen – es erzählt die Geschichte vom Trojanischen Krieg aus der Sicht des Patroklos, einer äußerst wichtigen Gestalt in der *Ilias* von Homer.

Reisen wir nun noch einmal zu den Olympischen Spielen zurück. Auch wenn der Gott Zeus nicht mehr im Mittelpunkt steht, weisen sie dennoch einige Ähnlichkeiten zur Olympiade der Antike auf. Auch heute finden die Spiele alle vier Jahre statt und fokussieren sich auf den Sport. Die Eröffnungszeremonie, das Entflammen des olympischen Feuers, orientiert sich eng am Eröffnungsritual der antiken Spiele, welches fast so ähnlich wie das aus der heutigen Zeit ablief – wir erleben die Antike aspektweise näher mit, als wir uns vorher vielleicht gedacht haben. Eine Winterolympiade gab es in der Antike nicht; sie ist eine Erfindung der Neuzeit, knüpft aber dennoch an die klassische Tradition an.

Wieder einmal wird deutlich, dass antike Konzepte die Basis für viele Dinge sind, die uns selbstverständlich vorkommen – so auch im Bereich der Architektur, welche wir uns im Folgenden anschauen möchten.

Zwar bauen wir heutzutage keine riesigen Tempelanlagen mehr oder zäunen unsere Städte mit monumental großen Stadtmauern ein, jedoch begegnet uns die Baukunst der alten Griechen immer noch in unserem Alltag. Sie spielt eine wichtige Rolle bei der Schaffung des Fundaments, auf dem die zeitgenössische Architektur aufbaut. Zu den Kernelementen der griechischen Architektur gehören vor allem Harmonie, Einfachheit, Proportion und Perspektive – Konzepte, die heutzutage noch immer an oberster Stelle bei der Konstruktion von Gebäuden stehen.

Die Griechen popularisierten den Einsatz von Säulen als tragende und stützende Elemente, die für mehr Stabilität sorgten und somit die Entwicklung neuer Bauformen erst ermöglichten. Auch in Ihrer direkten Umgebung können Sie die Einflüsse griechischer Architektur wahrnehmen. Schauen Sie sich doch mal das Dach eines Einfamilienhauses an – auch hier redet man von Dingen wie Giebel oder Traufleiste. Das alles sind Elemente, die sich direkt von den Tempeln der Antike ableiten. Menschen, die heute in Handwerksberufen tätig sind, führen, wenn man dies einmal genauer betrachtet, somit eine jahrtausendealte Tradition weiter, ohne die wir uns unser Leben gar nicht mehr vorstellen können. Mit diesen Worten möchte ich mit Ihnen gemeinsam zum letzten Punkt überschreiten – nämlich zu dem der Berufswelt.

Die griechische Antike ist noch lange nicht vollständig erforscht. Wie Sie bereits wissen, gibt es ganze Abschnitte, über die uns noch keine Informationen vorliegen und die aus diesem Grund als regelrechtes Mysterium gelten. Eines ist klar: Um unsere Gesellschaft und die Geschichte der Menschheit noch besser zu verstehen, muss es Leute geben, die sich mit all diesen Dingen auseinandersetzen. Die Erforschung der Antike teilt sich dabei auf Professionen wie die des Historikers oder der Historikerin, des Archäologen oder der Archäologin oder gar des Sozial- und Politikwissenschaftlers oder der Sozial- und Politikwissenschaftlerin auf.

Durch die Arbeit im Team können wir noch tiefer in eines der spannendsten Zeitalter der westlichen Menschheitsgeschichte eintauchen. Vielleicht werden ja sogar Sie, liebe (vor allem noch jüngere) Leserinnen und Leser, die nächsten Personen sein, die den Fund eines kolossalen

Tempels oder einer spannenden, uns noch nicht bekannten Geschichte stolz verkünden dürfen.

Auch wenn es nicht so weit kommen sollte, hoffe ich dennoch, dass Sie auf unserer Zeitreise durch das antike Griechenland einiges mitnehmen konnten. Der nächste Griechenland-Urlaub darf gerne kommen – und er wird noch schöner, interessanter und spannender als jemals zuvor!

Herstellung und Verlag:

BoD – Books on Demand, Norderstedt

ISBN: 9783756861477

© Markus Dannen 2022

1. Auflage

Kontakt: Psiana eCom UG/ Berumer Str. 44/ 26844 Jemgum

Covergestaltung: Fenna Larsson

Coverfoto: depositphotos.com